Christa Rolf

Weiße Feste

Christa Rolf

Weiße Feste

Nähen & Dekorieren
für die schönsten Familienfeiern

Taufe, Kommunion, Konfirmation, Hochzeit

AUGUSTUS

Inhalt

Vorwort

»Große Ereignisse werfen ihre Schatten voraus!« Wer kennt sie nicht, die Vorfreude auf das nächste, große Familienfest? Die traditionellen weißen Feste, wie Hochzeit, Taufe und Kommunion oder Konfirmation bieten Anlass für stimmungsvolle Feiern im Familien- und Freundeskreis. Wenn alle zusammenkommen, unterstreicht ein feierlicher Rahmen die herausgehobene Bedeutung dieses Tages.

Alles ist aufeinander abgestimmt. Der Blick auf die festlich gedeckte Tafel verheißt Besonderes. Funkelnde Kerzen werfen ihr warmes Licht auf die glanzvollen Gedecke. Kunstvoll gefaltete Servietten, für jeden Gast ein Tischkärtchen und die liebevollen Blumenarrangements – alles passt zum feierlichen Tischambiente. Was die Menükarte wohl für Geheimnisse birgt?

Im Zusammenspiel aller Accessoires eines festlich gedeckten Tisches entfaltet sich die Faszination, die Ihre Gäste erfahren werden. Damit es ein wirklich gelungenes Fest wird, an das man sich gerne zurückerinnert, bedarf es einer Art Komposition. Dabei können Sie Ihre Ideen und Vorstellungen schon in die Vorbereitungen einbringen.

Dieses Buch soll Ihnen zeitgemäße Anleitungen und »trendige« Anregungen geben für Ihre individuellen Arrangements rund um Hochzeit, Taufe, Kommunion und Firmung bzw. Konfirmation. Es soll dabei auch den notwendigen nähtechnischen Hintergrund vermitteln, damit Ihr Engagement mit gelungenen Arbeiten belohnt wird.

Die eigene Gestaltung der festlichen Tafel steht im Mittelpunkt dieses Buches. Tischdecken, Servietten und Serviettenringe sowie allerlei Accessoires, vom Ringkissen über den Stuhlschmuck bis hin zu Tisch- und Menükarten bilden den thematischen Bogen. Zu jedem Objekt gibt es leicht verständliche und praxisnahe Anleitungen, damit auch Nähanfänger erfolgreich danach arbeiten können. Vorlagen, Schemazeichnungen und Lehrgänge mit zahlreichen Fotos runden die Beschreibungen ab.

Ich wünsche Ihnen viel Spaß und Freude bei den Vorbereitungen und ein gutes Gelingen Ihres ganz persönlichen Festes im Kreis Ihrer Lieben!

CHRISTA ROLF

Traditionen, Bräuche und Symbole

Hochzeit, Taufe und Kommunion bzw. Konfirmation sind klassische Feste, die auf den Sakramenten der christlichen Kirche beruhen. Sie wurden und werden traditionell im Familien- und Freundeskreis begangen, begleitet von zahlreichen Bräuchen und Symbolen.

Das Sakrament der Taufe geht zurück auf die alten Sumerer und ihren Wassergott Ea. Die Christen übernahmen diesen Ritus für die Aufnahme in die christliche Gemeinschaft. Zunächst wurden nur die Erwachsenen getauft, später ging man zur allgemeinen Kindstaufe über. Bereits seit dem 3. Jahrhundert bekam der Täufling Paten, die gelobten, das Kind als Christ zu erziehen. Das weiße Taufkleid ist dabei Symbol für die Unschuld des Kindes.

Bei der katholischen Erstkommunion erhalten die Kinder zum ersten Mal die Gelegenheit, an der Eucharistiefeier (griech. »eucharistia« = Dankbarkeit) teilzunehmen. Die evangelische Konfirmation und die katholische Firmung markieren den Beginn der aktiven Teilnahme am Geschehen innerhalb der Kirche.

Besonders umfangreich sind die Bräuche um das Sakrament der Ehe. Schon im alten Ägypten wurde ein Fingerring bei der Hochzeitszeremonie verwendet. Ein Ring – ohne Anfang und Ende – galt als Symbol für die Ewigkeit. Die Römer übernahmen von den Griechen den Brauch, diesen Ring am 4. Finger zu tragen. Die Brautentführung wurzelt in Zeiten, in denen junge Frauen innerhalb eines Stammes knapp waren.

Viele Riten – wie das vor der Kirche gespannte Seil – sollten früher vor bösen Geistern schützen. Mit anderen Bräuchen sollten Dämonen vertrieben werden, wie zum Beispiel mit Blechbüchsen, die heute hinter das Auto gebunden werden. Der Polterabend am Vorabend der Hochzeit verfolgt den gleichen Zweck.

Verstreuter Reis oder Blütenblätter sollen reichen Kindersegen sichern. Den gleichen Zweck verfolgen ein auf das Dach des Hauses montierter Kinderwagen oder die Wäscheleine mit Kinderkleidung.

Kränze wurden bereits seit der Antike geflochten. Waren sie zuerst Weihegaben für Götter und Wettkämpfe, wurden sie später von Bräuten bei der Hochzeit getragen. Sie symbolisierten Tugend und Jungfräulichkeit.

Relativ jung dagegen ist die Geschichte des weißen Brautkleids. Früher trugen die Bräute ihr bestes Kleid; eine eigentliche Brautmode gab es nicht. Als Erste heiratete Königin Victoria 1840 im heutigen Stil mit weißem Brautkleid und Schleier. Schnell kam diese Brautbekleidung als Symbol für die Jungfräulichkeit der Braut in Mode.

Aus dem Angelsächsischen kommt der Brauch, bei dem die Braut gewisse Dinge am Körper tragen soll – »something old, something new, something borrowed, something blue«. Dabei stehen Altes und Neues für den alten und neuen Lebensabschnitt, das Geliehene symbolisiert die Freundschaft und die Farbe Blau die Treue.

Eine besondere Stellung bei den traditionellen Symbolen nimmt das Herz ein. Es gilt als Sitz der Seele, des Innersten des Menschen, und ist damit das Sinnbild für Verliebte schlechthin. Ob aus Stoff, Blumen, Papier, Perlen oder anderen Materialien hergestellt – ein Herz begleitet jede Hochzeit als beständiges Symbol der Liebe.

In vielen Ländern ist es üblich, den Gästen als Erinnerung an Hochzeit, Taufe und Kommunion bzw. Konfirmation eine so genannte Bonbonniere zu schenken. Diese besteht traditionell aus drei bis fünf Mandeln als Fruchtbarkeitssymbol, je nach Anlass in Weiß, Rosa oder Hellblau. Die Mandeln sind in Tüll gehüllt und mit einem Kärtchen versehen, auf dem Vornamen und das Datum der Feier geschrieben sind. Mittlerweile ist es auch bei uns üblich, den Gästen kleine Aufmerksamkeiten zu überreichen, die neben Mandeln auch andere edle Süßwaren enthalten können. Daneben sind Hochzeitstees, Duftpotpourris, Kerzen oder Blumensamen als Präsente beliebt. Eine attraktive Verpackung verleiht jedem Geschenk eine persönliche Note.

Karten

Einladungskarten kündigen ein Fest an. Wenn sich die Zahl Ihrer Gäste im überschaubaren Rahmen bewegt, können Sie Ihre Gäste mit liebevollen, selbst gestalteten Karten auf die Feier einstimmen.

Eingebettet in das Gesamtarrangement runden Tisch- und Menükarten in einem einheitlichen Design den festlichen Charakter der Tafel ab. Durch Tischkarten ordnen sie jedem Ihrer Gäste seinen Platz an der Tafel zu; so können Sie auch durch die Zusammenstellung der Sitzordnung zur guten Stimmung beitragen. Die Tisch- und Menükarten selbst sind immer wieder nette Erinnerungsstücke an ein gelungenes Fest.

Der Handel bietet eine Fülle von vorgeschnittenen Karten zum Selbstgestalten an. Sollte Ihnen diese Auswahl nicht genügen, können Sie aus unterschiedlichen Papiersorten Ihre eigenen, individuellen Karten kreieren. Ein Schneidelineal und ein Rollschneider oder Cutter sind dazu ideale Werkzeuge.

Aufgeklebtes Dekomaterial wie edle Bänder, Federn, Perlen oder Blüten eröffnen eine Fülle von kreativen Gestaltungsmöglichkeiten. Auf diese Weise lässt sich jede Karte in ein kleines Kunstwerk verwandeln.

Kerzen

Kerzen verleihen einem gedeckten Tisch einen feierlichen Charakter. Ihr warmes Licht schafft eine besondere Atmosphäre und lässt die Festtafel im hellen Glanz erstrahlen. Sie können Kerzen in großer Vielfalt in Ihre Dekoration integrieren. Als Blickfang für ein Büfett eignen sich verschieden große, einfarbige Kerzen, die auf einem großen Teller dekoriert werden.

Auf dem Tisch können Sie die Kerzen in Leuchter stellen und diese passend zum Gesamtbild dekorieren. Teelichter in kleinen Gläsern oder auch in Windlichtern arrangiert, bieten neue Möglichkeiten der Gestaltung. Im Trend liegen Organza-Hüllen für diese Gläser, die wiederum individuelle Gestaltungsmerkmale aufnehmen können.

Besondere Bedeutung haben Kerzen bei der Taufe und bei der katholischen Kommunion. Jeder Täufling und jedes Kommunionkind erhält seine persönliche Kerze – ein Symbol für Christus als Licht der Welt.

Blumen

Erst mit Blumen wird die festlich gedeckte Tafel komplett. Während Sie den Brautstrauß dem Floristen überlassen können, lassen sich kleinere Blumendekorationen ohne viel Aufwand selbst gestalten. Im Trend liegen kleine Gestecke, die noch einen Blickkontakt zum Gegenüber ermöglichen. Die Farbauswahl bleibt Ihrem persönlichen Geschmack überlassen; ob als Akzent zur festlich gedeckten Tafel oder farblich passend in Weiß gestaltet – Blumen werden zum i-Tüpfelchen auf Ihrer Tafel.

Die Rose nimmt als »Königin der Blumen« eine besondere Stellung ein. Sie ist von je her Sinnbild für Verliebte und lässt sich beispielsweise für einen Hochzeitstisch auf zahlreiche Arten arrangieren: als Strauß oder Gesteck, in Herzform mit Rosenblüten gesteckt, als Einzelblüte mit einem Ring aus Grasfaser oder als einzeln verstreute Rosenblätter. Aber auch Orchideen, Amaryllis und Pfingstrosen eignen sich als Blumenschmuck. Wichtig ist die Auswahl des zur Tafel und zum Blumenarrangement passenden Gefäßes. Wählen Sie Ihre Dekoration dem Anlass und der Jahreszeit entsprechend und gestalten Sie Ihr individuelles Bukett.

Stoffe

Stoffe aus Naturmaterialien wie Leinen, Seide und Baumwolle laufen in der ersten Wäsche immer ein wenig ein. Sie sollten daher vor der Verarbeitung vorgewaschen werden. Handelt es sich um weiße Stoffe, die nicht ausfärben können, genügt es jedoch, sie vor der Verarbeitung mit dem Dampfbügeleisen abzubügeln oder sie in die Heißmangel zu geben.

① Tüll, ② Nylonorganza, ③ Seidenorganza, ④ Baumwoll-Organdy, ⑤ durchscheinendes Leinen, ⑥ Damast mit Karomuster, ⑦ Damast

Leinen

Leinen ist ein sehr robuster und haltbarer Stoff, der aus Flachs gewonnen wird. Da Leinen sehr strapazierfähig ist, wird es traditionell für Tischwäsche eingesetzt.

Seide

Der Seidenfaden wird aus dem Kokon der Seidenraupe gewonnen. Die daraus gewebten Seidenstoffe zeichnen sich durch ihren besonders edlen Charakter aus. Sie sind nicht sehr robust und eignen sich daher nicht für Tischwäsche, sondern eher für die festliche Kleidung und edle Accessoires. Zur Pflege die Seide entweder in die chemische Reinigung geben oder schonend von Hand waschen und im feuchten Zustand bügeln.

Baumwolle

Dieser unproblematische und relativ preisgünstige Stoff lässt sich vielseitig verwenden. Baumwolle wird aus der reifen Fruchtkapsel des Malvenstrauchs gewonnen und eignet sich für Tischwäsche und Dekorationen.

Damast

Diese Bezeichnung steht nicht für eine besondere Textilfaser, sondern kennzeichnet ein Gewebe mit einem eingewebten Jacquardmuster. Der Name Damast geht auf die syrische Hauptstadt Damaskus zurück. Traditionell wurde Damast für Tischwäsche aus Baumwolle oder Leinen gewebt. Heutzutage wird häufig ein Baumwoll-Viskose-Gemisch verarbeitet, um Tischdecken und Servietten pflegeleichter auszurüsten.

Üblicherweise wird Damast so verarbeitet, dass die matte Seite des Stoffes als Vorderseite verwendet wird. Dadurch erscheinen die eingewebten Jacquardmuster glänzend. Als Kontrast (z. B. bei einer Mitteldecke für eine Tischdecke aus gleichem Damast) kann der Stoff jedoch auch genau anders herum verarbeitet werden, sodass die glänzende Seite des Stoffes unten liegt. Damit hebt sich die Mitteldecke besser von der Tischdecke ab.

Organza

Organza ist ein hauchzartes, chiffonartiges Gewebe aus Seide oder Chemiefaser. Seidenorganza besitzt einen leicht steifen, edlen Charakter und lässt sich relativ einfach verarbeiten. Um die Eigenschaften zu erhalten, sollte dieser Stoff besser gereinigt als gewaschen werden.

Der preisgünstige Nylon- bzw. Perlonorganza ist heutzutage in vielen Farben erhältlich. Er weist eine etwas glänzendere Oberfläche auf und lässt sich problemlos waschen. Allerdings ist besondere Vorsicht beim Bügeln geboten, da Nylon als Chemiefaser überhaupt keine hohen Temperaturen verträgt. Nylonorganza neigt beim Nähen leicht zur Wellenbildung und eignet sich deshalb eher für locker drapierte Tischdecken und kleine Accessoires.

Organdy

Dieses feine, transparente Gewebe besteht immer aus Baumwolle und hat einen sehr steifen Charakter. Durch eine einfache Handwäsche wird das Gewebe jedoch etwas weicher im Griff. Der Stoff lässt sich aufgrund seiner Festigkeit völlig problemlos und vielseitig verarbeiten zu Mitteldecken, Vorhängen und vielen dekorativen Kleinigkeiten.

Arbeitsmaterialien

Grundsätzlich lässt sich jeder Stoff mit einer guten Schere zuschneiden. Eine wirkliche Arbeitserleichterung bringen moderne Zuschneidewerkzeuge wie Rollschneider, Schneidematte und ein durchsichtiges Schneidelineal (alles z. B. von Prym). Diese wurden zwar ursprünglich für das Patchwork entwickelt, leisten Ihnen aber auch sehr gute Dienste beim Zuschneiden von Tischwäsche und Accessoires.

Markierungsstifte (z. B. von Prym) sind ein weiteres, wichtiges Hilfsmittel. Ideal für weiße Stoffe sind so genannte selbstlöschende Markierungsstifte, die nach einigen Tagen von selbst unsichtbar werden.

Stickvlies (z. B. von Sulky) ist ein Vliesstoff und wird bei gewissen Näharbeiten, beispielsweise beim Satinstich, unter das zu nähende Stück Stoff gelegt. Damit wird ein Verziehen des Stoffes verhindert. Anschließend können Sie das Stickvlies einfach durch Abreißen entfernen.

Nähmaschinennadeln gibt es in verschiedenen Typen für unterschiedlichste Einsatzzwecke. Die Wahl der geeigneten Nadel richtet sich nach den zu verwendenden Stoffen und Garnen. Für normale Näharbeiten eignen sich Nadeln der Stärke 80. Für Seide und Nylonorganza sind 60er Nadeln zu empfehlen.

Für die Verarbeitung von Metallic-Garn gibt es spezielle Nadeln mit einem vergrößerten Öhr; dadurch gleitet der Faden besser. Metallic-Garne (z. B. von Sulky) können eingesetzt werden, um attraktive Effekte zu erzielen. Bei der Verarbeitung dieser Garne sollten Sie folgende Hinweise beachten:

- die Oberfadenspannung etwas lockern,
- langsam nähen und
- spezielle Maschinennadeln verwenden.

Neben normalem Nähgarn benötigen Sie für manche Modelle (z. B. beim Satinstich) Maschinenstickgarn (z. B. von Sulky). Dieses Garn ist im Gegensatz zum dreifädigen Nähgarn nur zweifädig und weniger stark gedreht. Es ist deswegen weicher und feiner als Nähgarn, breitet sich flächiger aus und bewirkt eine glattere Optik.

Die Modelle in diesem Buch wurden, wenn nicht anders angegeben, mit einer Nahtzugabe von 0,75 cm gearbeitet. Viele Nähmaschinen sind mit einem Standardfüßchen ausgerüstet, bei dem der Abstand zwischen der mittleren Nadelposition und dem äußersten rechten Rand des Nähfüßchens (an dem der Stoff entlangläuft) 0,75 cm beträgt.

Den Abstand Ihres Nähfüßchens überprüfen Sie am besten, indem Sie ohne Garn auf Millimeterpapier nähen. Sollte Ihre Maschine eine andere Nahtbreite aufweisen, können Sie sich behelfen, indem Sie entweder

- die Nadelposition verändern oder
- die Nahtzugabe von 0,75 cm mit einem bunten Klebestreifen auf Ihrer Maschine markieren.

Ab Seite 46 finden Sie die Vorlagen für die Modelle dieses Buches. Sämtliche Vorlagen enthalten keine Nahtzugaben, d. h. diese müssen beim Zuschneiden hinzugerechnet werden.

Tische und Tischwäsche

Sollten Sie Ihr Fest zu Hause begehen, stellt sich häufig die Frage nach den notwendigen Tischen. Grundsätzlich sollte jeder Gast einen Platz von 60 bis 70 cm Breite erhalten, damit genügend Bewegungsfreiheit gegeben ist.

Auf größere Festivitäten ist kaum ein Haushalt eingerichtet – regelmäßig muss deshalb improvisiert werden. Vielleicht können Sie sich die notwendigen Tische ausleihen oder mit wenig Aufwand aus einer Tischtennisplatte oder einer großen Holzplatte, auf zwei stabile Böcke gelegt, selber bauen.

Verfügen Sie nicht über ausreichende Tischwäsche, lässt sich diese mit wenig Aufwand herstellen. Selbst genähte Tischwäsche hat den Vorteil, dass Sie die Maße Ihren Tischen anpassen und auch das Design nach Ihrem Geschmack ausrichten können.

Die Größe einer Tischdecke ist abhängig von den Maßen der Tischplatte und vom seitlichen Fall der Tischdecke. Dieser ist üblicherweise an allen Seiten des Tisches gleich lang. Für eine üppige Tafel kann die Tischdecke auch bis zum Boden reichen. In diesem Fall richtet sich der seitliche Fall nach der Höhe des Tisches.

Als Rechenbeispiel dient Ihnen hier ein Tisch, bei dem die Größe der Tischplatte 70 x 110 cm beträgt und der seitliche Fall über eine Höhe von 30 cm verfügen soll:

- Tischbreite 70 cm + zweimal 30 cm seitlicher Fall (= 60 cm) = 130 cm,
- Tischlänge 110 cm + zweimal 30 cm seitlicher Fall (= 60 cm) = 170 cm.

Das fertige Maß der Tischdecke betrüge in diesem Fall 130 x 170 cm. Zum Fertigmaß ringsherum 5 cm für den Saum addieren, sodass sich für diese Tischdecke ein Stoffbedarf von 140 x 180 cm ergibt.

Häufig benötigt man für Tischwäsche, je nach Tischgröße oder gewünschter seitlicher Fallhöhe eine größere Stoffbreite als 140 cm. In diesem Fall ist Leinen oder spezieller Tischwäschen-Damast ideal. Leinen liegt im Allgemeinen 180 cm breit, Damast wird in Breiten von 170 cm, zum Teil sogar bis 280 cm angeboten.

Servietten lassen sich, besonders bei selbst genähter Tischwäsche, passend zur Decke gestalten. Damit können Sie die Wirkung des festlich gedeckten Tisches erheblich steigern. Die Größe der Servietten variiert je nach Anlass. Die normale Größe beträgt zwischen 40 x 40 cm und 45 x 45 cm. Für die festliche Speisentafel darf die Serviette auch über eine Größe von 50 x 50 cm oder etwas mehr verfügen.

Besonderes Augenmerk wird bei einer Serviette auf die Gestaltung des Randes gelegt. Interessante Blendenvariationen sowie verschiedene Falttechniken bieten Ihnen vielfältige Möglichkeiten. Anregungen hierzu erhalten Sie bei den entsprechenden Themen in diesem Buch.

Lehrgang »Blenden«

Angeschnittene Blende mit Briefecke

Diese Form der Randlösung wird häufig für Servietten oder Mitteldecken verwendet (siehe Servietten auf Seite 43). Die angeschnittene Blende ist besonders eindrucksvoll, aber auch aufwändiger. Mit etwas Übung lässt sie sich jedoch problemlos nähen.

Die fertige Breite der Blende beträgt bei Servietten zwischen 2 und 4 cm, bei Tischdecken etwas mehr. Die Zuschnittgröße für ein Teil mit angeschnittener Blende wird wie folgt berechnet:
Fertige Größe der Serviette oder Decke
+ zweimal Breite der fertigen Blende
+ zweimal 1 cm Einschlag.

Als Rechenbeispiel dient hier eine Serviette von 40 x 40 cm fertiger Größe und einer 4 cm breiten Blende:
40 cm (fertige Größe)
+ 8 cm (zweimal Breite der fertigen Blende)
+ 2 cm (zweimal 1 cm Einschlag).

Für die Serviette wird nach dieser Rechnung ein Quadrat von 50 x 50 cm zugeschnitten. Für die weitere Verarbeitung bitte nachstehende Fotos beachten.

① Ringsherum an allen vier Kanten auf der Rückseite des Stoffes einen 1 cm breiten Einschlag und die Breite der Blende mit einem Stift markieren.

② Jeweils entlang der beiden markierten Linien den Stoff zur Vorderseite hin umbügeln. Anschließend wieder aufklappen.

③ In den Ecken die Stoffzugabe für die Blende bis an den Kreuzungspunkt der beiden inneren Bügellinien diagonal nach innen klappen. Diese entstandene Linie erneut gut bügeln. Anschließend die Ecke wieder aufklappen.

④ Die diagonale Bügellinie rechts auf rechts legen, dabei den 1 cm breiten Saum jeweils einschlagen. Die Ecke auf der gebügelten Linie abnähen, Nahtanfang und -ende verriegeln. Auf diese Art und Weise alle vier Ecken fertig stellen.

⑤ In den Ecken den überstehenden Stoff bis auf die Nahtzugabe abschneiden. Die Nahtzugabe auseinander legen und zusätzlich in der Spitze etwas zurückschneiden.

⑥ Den Saum wenden und die Ecken herausarbeiten. Die innere Blendenkante feststecken und knappkantig annähen.

Angeschnittene Blende mit Briefecke und doppeltem Saum

Bei Tischwäsche aus durchsichtigen Stoffen (wie Baumwoll-Organdy oder feinem Leinen) wirkt ein doppelt eingeschlagener Saum besonders professionell (siehe Tischdecke auf Seite 33).

① Ringsherum, an allen vier Außenkanten, zweimal die Breite der Blende auf der Rückseite des Stoffes markieren. Für die Nahtlinie der Briefecke an jeder Ecke zwei Linien einzeichnen: Sie verlaufen jeweils im 45°-Winkel diagonal von der Außenkante des Stoffes zur äußeren Blendenmarkierung.

② Jeweils entlang der beiden Blendenmarkierungen den Stoff zur Vorderseite hin umbügeln. Anschließend wieder aufklappen.

③ Die Blende einmal zur Vorderseite hin einschlagen und die Ecke diagonal zur Hälfte legen. Die beiden diagonal markierten Linien für die Briefecke sind nun gut sichtbar und liegen übereinander. Entlang dieser Linie die Ecke abnähen. Nahtanfang und -ende verriegeln. Auf diese Art alle vier Ecken fertig stellen.

④ In den Ecken den überstehenden Stoff bis auf die Nahtzugabe abschneiden. Die Nahtzugabe auseinander legen und in der Spitze zusätzlich etwas zurückschneiden.

⑤ Den Saum wenden und die Ecken herausarbeiten. Die innere Blendenkante feststecken und knappkantig annähen.

Angeschnittene Blende mit Satinstichkante

Besonders edel wirken Servietten, wenn die Kante der angeschnittenen Blende mit einem Satinstich versehen wird.

Diese Blendenvariation wird nach dem gleichen Prinzip gearbeitet, wie die angeschnittene Blende mit Briefecke (siehe Seite 10). Die innere Blendenkante erhält allerdings keinen 1 cm breiten Einschlag; stattdessen wird die offene Stoffkante mit einem dichten Zickzackstich, einem so genannten Satinstich, eingefasst.
Gehen Sie wie folgt vor:
1. Die Briefecke der Blende fertig stellen.
2. Die innere, unversäuberte Blendenkante feststecken und knappkantig annähen.
3. Die Blendenkante mit einem Satinstich bedecken. Für einen professio-

nellen Satinstich bitte folgende Punkte beachten:

- 1 bis 2 Lagen Stickvlies unter die Arbeit legen,
- an der Nähmaschine einen Applikationsfuß einsetzen,
- als Oberfaden Maschinenstickgarn Stärke 30 benutzen,
- Oberfadenspannung etwas lockern,
- Zickzackstich mittlerer Breite einstellen, Stichlänge 0,3.

4. Nach Fertigstellung der Arbeit das Stickvlies entfernen.

Tipp

Bei stark fransenden Stoffen die Serviette direkt nach dem Zuschneiden mit einem schmalen Zickzackstich versäubern.

Angeschnittene Blende mit quadratischer Ecke

Ganz schnell und einfach ist eine angeschnittene Blende mit quadratischen Ecken genäht. Einschlag und Blende in gewünschter Breite zur Vorderseite hin umbügeln und knappkantig annähen. In der Ecke die Naht so führen, dass ein Quadrat entsteht.

Lehrgang »Quasten«

Als verspieltes Element sind Quasten ganz einfach selbst herzustellen. Als Material eignet sich Wolle, Baumwollgarn, Sticktwist oder Ähnliches.

① Aus festem Karton ein Teil zuschneiden, dass so lang ist wie die gewünschte Länge der Quasten. Auf beiden Seiten des Kartons die Hälfte der Länge markieren und den Karton mit Garn umwickeln.

② Sollen die Quasten am oberen Ende eine Schlaufe erhalten, zunächst aus passendem Garn für jede Quaste eine Schlaufe formen. Die Enden der Schlaufe in Höhe der markierten Linie um den Strang knoten. Wird keine Schlaufe gewünscht, sondern längere Bänder zum Aufhängen (siehe Reistüten, Seite 44), ein passendes Stück Garn in Höhe der markierten Linie um den Strang knoten.

③ Auf der anderen Seite des Kartons in Höhe der Mittelmarkierung den Strang durchschneiden.

④ Mit farblich passendem oder auch kontrastfarbenem Garn knapp unterhalb der Aufhängung den Strang abbinden. Die Enden des Garns verknoten und vernähen. Die Quaste auf eine einheitliche Länge stutzen.

Willkommen zur Taufe

Organza-Vorhang

Größe: 92 x 151 cm

Material

- *250 cm Seidenorganza oder Baumwoll-Organdy, 105 cm Stoffbreite*

So wird's gemacht

Aus dem Seidenorganza folgende Teile zuschneiden:
für den Vorhang:
1 Stück von 100 x 159 cm,
für die Taschen:
16 Stücke von 15 x 22 cm,
für die Schlaufen:
10 Stücke von 5,5 x 30 cm.

Für den Vorhang an beiden seitlichen Außenkanten den Stoff zweimal jeweils 2 cm nach innen klappen und knappkantig feststeppen. An der oberen und unteren Kante den Stoff zweimal jeweils 4 cm nach innen klappen und knappkantig feststeppen.

Für die Taschen den Stoff zunächst an einer kurzen Seite (= obere Kante) zweimal jeweils 2 cm umschlagen und feststeppen. Die drei Außenkanten der Tasche zweimal jeweils 1 cm nach innen schlagen und feststecken oder gegebenenfalls heften. Die 16 Taschen gemäß der Schemazeichnung mit Nadeln auf den Vorhang stecken und knappkantig aufsteppen.

Für die Schlaufen jeweils zwei Streifen rechts auf rechts aufeinander stecken. Ringsherum füßchenbreit zusammennähen, dabei an einer Längskante 5 cm zum Wenden geöffnet lassen. Die Nahtzugaben in den Ecken zurückschneiden und die Schlaufen wenden. Restliche Naht von Hand schließen. Entlang der vier Außenkanten knappkantig absteppen.

Die Schlaufen quer zur Hälfte legen. Alle fünf Schlaufen bündig zum umgeschlagenen Saum gleichmäßig verteilt unter die obere Kante des Vorhangs stecken und knappkantig feststeppen.

Tipp

Zur Taufe mitgebrachte Familienfotos, die in die Taschen gesteckt werden, bilden später für den Täufling eine interessante Dokumentation der Familiengeschichte.
Der Vorhang kann jahreszeitlich weitergenutzt werden: Sterne zur Weihnachtszeit, Muscheln und Seesterne im Sommer und Blüten im Frühjahr machen den Vorhang zum dekorativen Blickfang.

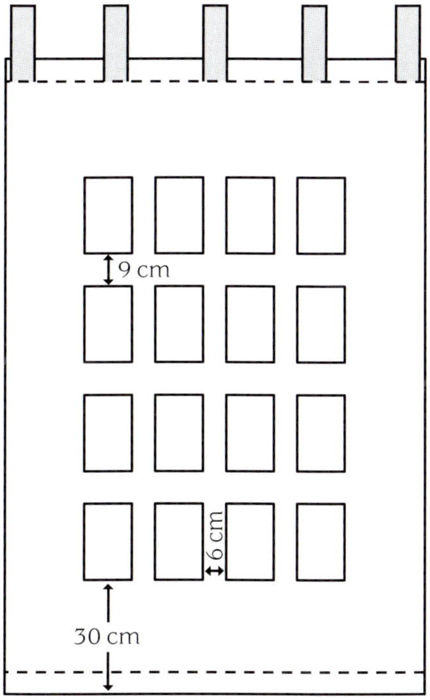

Tischläufer aus Organza

Größe: 40 x 200 cm

Material

- *215 cm Seidenorganza, 105 cm Stoffbreite*
- *Sticktwist in Rosa-, Pink- und Weiß-meliert*

So wird's gemacht

Für den Läufer einen Streifen Seidenorganza von 44 cm Breite und 210 cm Länge zuschneiden.

Für die spitzen Enden den Streifen der Länge nach zur Hälfte doppelt legen. Die schmalen Kanten, beginnend am Stoffbruch, in einem Winkel von 45° abschneiden.
Den Streifen auseinander klappen. Ringsherum den Stoff zweimal jeweils 1 cm nach innen klappen und knappkantig feststeppen.

Aus dem melierten Sticktwist zwei Quasten herstellen (siehe Lehrgang »Quasten«, Seite 13) und jeweils an eine Spitze des Läufers festnähen.

Tischdecke

Größe: 160 x 220 cm

Material

- *235 cm durchscheinendes Leinen, 180 cm Stoffbreite*

So wird's gemacht

Aus dem Leinen ein Rechteck von 168 x 228 cm zuschneiden. Ringsherum den Stoff zweimal jeweils 2 cm nach innen klappen und knappkantig feststeppen. Dabei in den Ecken die Naht so führen, dass ein Quadrat entsteht (siehe »Angeschnittene Blende mit quadratischer Ecke«, Seite 13).

Tüllbeutel

Größe: 25 cm Durchmesser

Material

- *30 x 30 cm Tüll*
- *Satinband, 3 mm breit, in Rosa und Zartrosa*
- *rosafarbene Mandeln*

So wird's gemacht

Auf dem Tüll einen Kreis von 25 cm (dies entspricht ungefähr der Größe eines Esstellers) markieren und ausschneiden. Mit Mandeln füllen und mit den Satinbändern in zwei Farben zusammenbinden.

Servietten

Größe: 50 x 50 cm

Material für drei Servietten

- *65 cm durchscheinendes Leinen, 180 cm Stoffbreite*

So wird's gemacht

Aus dem Leinen drei Quadrate von 58 x 58 cm zuschneiden. Ringsherum den Stoff zweimal jeweils 2 cm nach innen klappen und knappkantig festnähen. Dabei in den Ecken die Naht so führen, dass ein Quadrat entsteht (siehe »Angeschnittene Blende mit quadratischer Ecke«, Seite 13).

Windlichthülle

Material

- *Wassergläser (nicht konisch zulaufend)*
- *pinkfarbener Filz*
- *verschiedene Perlen*
- *silberne Stabperlen*
- *Transparentkleber*

So wird's gemacht

Für jede Windlichthülle aus dem pinkfarbenem Filz einen Streifen zuschneiden. Die Länge des Streifens entspricht dem Glasumfang zuzüglich 1 cm zum Überlappen. Die Breite des Streifens richtet sich nach der Höhe des Glases; er sollte so breit geschnitten werden, dass oben und unten noch 1,5 cm des Glases zu sehen sind. Die Perlen beliebig auf die Filzstreifen nähen. Die Streifen um die Gläser legen, mit dem Transparentkleber zusammenkleben.

Die Servietten sind als »Smoking« gefaltet (siehe Lehrgang »Servietten falten«, Seite 45).

Tipp

Als Tischkarten dienen Rosenblätter, auf die mit einem weißen Lackstift jeweils der Name des Gastes geschrieben wird.

Satinbeutel

Größe: 14 x 21 cm

Material

- *20 x 50 cm rosafarbener Satin*
- *Satinband in Rosa und Zartrosa*
- *Perlen und silberne Stabperlen*

So wird's gemacht

Aus dem Satin ein Rechteck von 15,5 x 48 cm zuschneiden. Den Stoff quer zur Hälfte rechts auf rechts aufeinander stecken. Die beiden Seitennähte füßchenbreit zusammennähen und versäubern. Den Beutel wenden.

An der oberen Kante den Stoff zweimal jeweils 1 cm nach innen klappen und knappkantig feststeppen. In 3 cm Abstand zur unteren Kante die Perlen aufnähen. Beutel mit dem Satinband zusammenbinden.

Tipp

Der Beutel eignet sich sowohl als Geschenkverpackung als auch zur Aufbewahrung der Taufschühchen oder anderer Erinnerungsstücke.

Leporello

Größe: 12 x 12 cm

Material

- *Graupappe, 2 mm Stärke*
- *weißer Fotokarton*
- *Reste von dünnem Volumenvlies*
- *Reste von rosafarbenem Satin*
- *Perlen und silberne Stabperlen*
- *Satinband in Rosa und Zartrosa*
- *Buchbinderleim*

So wird's gemacht

Aus der Graupappe zwei Stücke von 11,5 x 11,5 cm mit einem Cutter zuschneiden. Beide Teile einseitig mit Volumenvlies bekleben. Aus dem rosafarbenem Satin zwei Stücke von 16 x 16 cm zuschneiden. Auf eines dieser Stücke vorderseitig, etwa 6 cm vom oberen und rechten Rand entfernt, je nach Belieben die Perlen aufnähen. Den Stoff über die vorbereitete Graupappe mit dem Volumenvlies legen, ringsherum die Kanten umschlagen und auf der Innenseite mit dem Buchbinderleim festkleben.

Aus dem Fotokarton ein Stück von 11 x 44 cm zuschneiden, nach jeweils 11 cm falzen und wie eine Ziehharmonika falten. Die erste und letzte Seite an die Rückseiten der Buchrücken kleben. Als Verschluss die Satinbänder zu einer Schleife binden.

Tipp

Mit Fotos des Babys versehen ist das Leporello ein besonderes Erinnerungsstück, zum Beispiel für die Paten und die Großeltern.

Taufkissen

Größe: 50 x 75 cm

Material

- *85 cm weißer Satin, 140 cm Stoffbreite*
- *90 cm dickes Volumenvlies, 150 cm Stoffbreite*
- *92 weiße Glasperlen, 4 mm Durchmesser*
- *rosafarbenes Satinband*

So wird's gemacht

Für das Kissen aus dem Satin zwei Rechtecke von 52 x 77 cm zuschneiden und rechts auf rechts aufeinander legen. Dieses Set auf zwei Lagen etwas größer zugeschnittenes Volumenvlies stecken. Ringsherum füßchenbreit zusammennähen, dabei an einer langen Kante 15 cm der Naht zum Wenden geöffnet lassen. Überstehendes Volumenvlies bis knapp an die Naht zurückschneiden, ebenso die Nahtzugaben in den Ecken.

Das Kissen wenden, die Ecken herausarbeiten und die restliche Naht von Hand schließen. Mit einem selbstlöschenden Markierungsstift ringsherum, im Abstand von 2,5 cm zur Außenkante, eine Linie markieren. Auf der Markierung absteppen. Die Perlen im Abstand von 2,5 cm aufnähen.

Aus dem Satinband vier Schleifen formen und in die Ecken nähen.

Deko-Tipps

Für die Vorderseite der Einladungskarte eignet sich ein Foto des Babys. Die Karte wird mit farbig passendem Satinband umwickelt und mit kleinen Blüten geschmückt.

Eine schnelle Dekoration, bei dem die Farben dem Anlass entsprechen, erhält man durch Gerberablüten, die in kleinen Wasserschalen auf dem Tisch verteilt werden (siehe Foto, Seite 16/17).

Heilige Kommunion

Mitteldecke und Servietten wurden mit angeschnittener Blende mit Briefecke gearbeitet. Bitte lesen Sie dazu den Foto-Lehrgang auf Seite 10.

Lehrgang »Dekorativer Wellenrand«

Bei dieser Technik wird ein fester Nylonfaden (ideal ist eine Stärke von 0,5 mm) mit einem Zickzackstich auf die Stoffkante genäht. Durch den steifen Nylonfaden entsteht ein gewellter Rand, der gerne für Bänder und Accessoires bei Hochzeit und Kommunion verwendet wird. Als Stoff eignet sich besonders gut Nylonorganza, der schon von Natur aus dazu neigt, beim Nähen Wellen zu bilden.

Besonders ausgeprägte Wellen erzielt man, wenn der Stoff im Schrägfadenverlauf zugeschnitten und beim Aufnähen des Nylonfadens etwas gedehnt wird. Dieser Effekt ergibt sich zwangsläufig, wenn der Stoff kreisförmig zugeschnitten wird, wie beispielsweise bei dem Kommunionbeutel (siehe Seite 22). Bei den Bändern des Haarschmucks wurde wegen des deutlich erhöhten Stoffverbrauchs auf diese Zuschnitt-Technik verzichtet.

Als Garn ist Maschinenstickgarn besonders geeignet, das als Ober- und Unterfaden verwendet wird. Die glänzende Optik unterstreicht den festlichen Gesamteindruck. Maschinenstickgarn ist im Gegensatz zum dreifädigen Nähgarn nur zweifädig und somit weicher und feiner. Damit wird beim Übernähen des Nylonfadens mit einem Zickzackstich eine feinere Raupe erzielt.

Als Nähfuß an der Maschine eignet sich ein Applikationsfuß ebenso wie einige Spezialfüße, die manche Nähmaschinenhersteller für diese Technik anbieten. Wichtig ist lediglich, dass der Nähfuß über eine Wölbung verfügt, durch die die entstehende Raupe gleiten kann.

Gehen Sie wie folgt vor:

- An der Maschine eine Stichlänge von 1,5 bei mittlerer Breite des Zickzackstichs einstellen.
- Den Nylonfaden 3 mm von der Stoffkante entfernt auf den Organza auflegen. Beim Nähen rollt sich die Stoffkante fast automatisch über den Nylonfaden. Sollte dies einmal nicht der Fall sein, kann mit Hilfe einer Stecknadel nachgeholfen werden.

Kerzentuff

Größe: 10 cm Durchmesser

Material

- *15 cm weißer Nylonorganza, 140 cm Stoffbreite*
- *Nylonfaden*
- *weißes Maschinenstickgarn*
- *Hutgummi oder Elastikfaden*
- *Deko-Material*

So wird's gemacht

Aus dem Organza einen 10 cm breiten und 130 cm langen Streifen schneiden. Die beiden Enden mit der Schere abrunden und längs des Streifens die Mittellinie markieren. Ringsherum den Nylonfaden mit einem Zickzackstich aufnähen (siehe Lehrgang »Dekorativer Wellenrand«). Das Hutgummi entlang der markierten Mittellinie mit einem groben Zickzackstich aufnähen, dabei darauf achten, dass der Gummifaden nicht mitgefasst wird. Die beiden Enden des Gummifadens, die etwas länger stehen gelassen werden, stramm ziehen und durch Festknoten auf den Umfang der entsprechenden Kerze anpassen. Den Kerzentuff mit einem Blütenstrang, Blüten, Erikamoos und Satinband verzieren.

Schneller Tipp

Noch einfacher lässt sich ein Kerzentuff aus Tüll herstellen. Dazu aus Tüll einen 8 cm breiten und 140 cm langen Streifen schneiden. Die beiden Enden mit der Schere abrunden und längs des Streifens eine Mittellinie markieren. Entlang der Markierung den Streifen zur Hälfte legen und knapp daneben den Gummifaden durch die Löcher des Tülls fädeln. Hutgummi stramm ziehen und verknoten.

Beutel

Höhe: 15 cm
Vorlage siehe Seite 47

Material

- *70 cm weißer Nylonorganza, 140 cm Stoffbreite*
- *50 cm weich fallender weißer Stoff für das Futter (z. B. Viskose oder Satin)*
- *140 cm weiße Kordel, 3 mm Stärke*
- *Nylonfaden, 0,5 mm Stärke*
- *weißes Maschinenstickgarn*

So wird's gemacht

Die Vorlage von Seite 47 mit entsprechendem Vergrößerungsfaktor kopieren. Ein großes Stück Papier (Tipp: Tageszeitung) zu einem Viertel zusammenlegen und beide Kreislinien – ohne den kleinen Kreisausschnitt in der Mitte – übertragen. Entlang der Linien ausschneiden, so entsteht eine Kreis- und eine Ringvorlage.

Die große Kreisform einmal auf Organza und einmal auf den weißen Stoff übertragen. Zuzüglich der Nahtzugabe ausschneiden.

Die Ringvorlage einmal auf den Organza übertragen und zuzüglich beidseitiger Nahtzugabe ausschneiden.

Die beiden Stoffkreise rechts auf rechts aufeinander legen, dabei den Ring aus Organza dazwischenstecken. Ringsherum entlang der Markierung zusammennähen, dabei 5 cm der Naht zum Wenden geöffnet lassen. Den Beutel wenden und die restliche Naht von Hand schließen. Knappkantig entlang der Naht absteppen. Parallel dazu, im Abstand von 1 cm, nochmals absteppen, sodass ein Tunnel entsteht. An zwei gegenüberliegenden Seiten des Tunnels zwei kleine Einschnitte in den Organza machen und mit einigen Stichen von Hand versäubern. Durch diese Öffnungen werden später die Kordeln eingezogen.

Auf den äußersten Rand des Organza-Rings den Nylonfaden mit einem Zickzackstich aufnähen (siehe Lehrgang »Dekorativer Wellenrand«, Seite 21). Anfang und Ende des Nylonfadens 3 cm überlappen lassen und zusammen aufnähen – so wird der Kreis sauber geschlossen.

Die Kordel in zwei gleich lange Abschnitte teilen und in den Tunnel einziehen. Die Enden der Kordel mit einem Knoten versehen.

Tropfenfänger für die Kommunionkerze

Höhe: 28 cm
Vorlage siehe Seite 47

Material

- *70 cm weißer Nylonorganza, 140 cm Stoffbreite*
- *Nylonfaden, 0,5 mm Stärke*
- *weißes Maschinenstickgarn*
- *Hutgummi oder Elastikfaden*
- *Deko-Material*

So wird's gemacht

Die Vorlage von Seite 47 mit entsprechendem Vergrößerungsfaktor kopieren. Zwei große Stücke Papier (Tipp: Tageszeitung) zu jeweils einem Viertel zusammenlegen. Jeweils einmal den kleineren und einmal den großen Viertelkreis übertragen. Kreise und Kreisausschnitte entlang der Linien ausschneiden; dabei ergeben sich zwei Kreise mit jeweils einem Loch in der Mitte.

Die so erhaltenen Vorlagen auf den Nylonorganza übertragen und entlang der Markierungen ausschneiden. Jeweils auf den äußeren Rändern der

Organza-Kreise den Nylonfaden mit Zickzackstich aufnähen (siehe Lehrgang »Dekorativer Wellenrand«, Seite 21). Anfang und Ende des Nylonfadens 3 cm überlappen lassen und zusammen aufnähen, damit der Kreis sauber geschlossen ist.

Die beiden Stoffkreise an den Lochausschnitten deckungsgleich so übereinander legen, dass der kleinere Kreis oben liegt. Rings um den Lochausschnitt heften.

Für den oberen gewellten Rand aus dem Organza einen Streifen von 10 cm Breite und 45 cm Länge zuschneiden. Die beiden Enden mit der Schere abrunden und längs des Streifens eine Mittellinie markieren. Ringsherum den Nylonfaden mit einem Zickzackstich aufnähen (siehe Lehrgang).

Den Streifen entlang der Markierung zur Hälfte falten, auf den Lochausschnitt stecken (der Stoffbruch liegt dabei innen) und mit einem breiten Zickzackstich aufnähen. Dabei werden gleichzeitig die beiden gehefteten Stoffkreise zusammengenäht. Hutgummi durch den Zickzackstich fädeln, passend zum Kerzenumfang stramm ziehen und verknoten. Die Heftfäden entfernen. Den Tropfenfänger mit Blütenstrang, Blüten, Erikamoosgirlande, weißer Kordel und Satinband verzieren.

Haarschmuck

Abbildung siehe Seite 22/23

Material

- *20 cm weißer Nylonorganza, 140 cm Stoffbreite*
- *80 cm Satinband, 6 mm breit*
- *Nylonfaden, 0,5 mm Stärke*
- *weißes Maschinenstickgarn*
- *1 Steckkamm aus dem Hobbybedarf*
- *2 Blumenstränge*
- *2 Blütenanstecker*

So wird's gemacht

Aus dem Nylonorganza drei Streifen von 6 cm Breite und 70 cm Länge zuschneiden. Bei jedem Streifen jeweils ein Ende spitz zulaufen lassen.

Bei allen drei Bändern den Nylonfaden auf die Längskanten bis in die Spitze zulaufend mit einem Zickzackstich aufnähen (siehe Lehrgang »Dekorativer Wellenrand«, Seite 21). Beim Aufnähen des Nylonfadens an der zweiten Kante beide Nylonfäden auf den letzten 2 cm überlappen lassen und gemeinsam aufnähen.

Der Steckkamm besitzt am oberen Ende zwei Löcher. Daran können die Organza-Bänder und die Dekorationen festgenäht werden.

Beutel für drei Mandeln

Größe: 20 cm Durchmesser

Material

- *25 x 25 cm weißer Nylonorganza*
- *Nylonfaden, 0,5 mm Stärke*
- *weißes Maschinenstickgarn*
- *Satinband*
- *Efeublätter*
- *weiße Blüten*

So wird's gemacht

Auf dem Organza einen Kreis mit einem Durchmesser von 20 cm markieren und ausschneiden (dies entspricht ungefähr der Größe eines Desserttellers). Auf dem Rand das Nylonband mit einem Zickzackstich aufnähen (siehe Lehrgang »Dekorativer Wellenrand«, Seite 21). Anfang und Ende des Nylonfadens 3 cm überlappen lassen und zusammen aufnähen, um den Kreis sauber zu schließen. Mit Mandeln füllen, das Satinband zum Zusammenbinden verwenden und mit einem Efeublatt und einer weißen Blüte schmücken.

Tischkarte

Abbildung links

Auf eine Tischkarte ein Efeublatt, eine kleine weiße Blüte und ein Kreuz kleben. Mit einem Silberstift beschriften.

Einladungskarte

Material

- 1 Klappkarte aus weißem Strukturkarton, DIN A6
- 1 Stück handgeschöpftes Naturpapier in Weiß, Größe 8 x 8 cm
- 1 Stück handgeschöpftes Naturpapier in Grün, Größe 6 x 6 cm
- 1 weiße Blüte
- Klebeschrift »Einladung« und »Kreuzsymbol«

So wird's gemacht

Die Klappkarte vorderseitig mit dem weißen und grünen Naturpapier bekleben. Darauf die Blüte mit transparentem Kleber fixieren. Zuletzt die Karte mit der Klebeschrift dekorieren.

Festliche Firmung oder Konfirmation

Organza-Beutel für kleine Geschenke

Material

- 15 x 50 cm weißer Nylonorganza
- 50 cm silberne Kordel, 2 mm Stärke
- grüne und weiße Grasfaser
- 1 weiße Blüte
- silberner Bouillondraht

So wird's gemacht

Für einen Beutel zwei Rechtecke von 10 x 20 cm zuschneiden. An der oberen Kante jedes Stoffstück zweimal 1 cm umschlagen und knappkantig absteppen. Die beiden Teile rechts auf rechts aufeinander legen. Die beiden seitlichen und die untere Kante füßchenbreit zusammennähen und versäubern.

Für die Standfläche die untere Kante etwas nach innen drücken; dabei ergeben sich seitlich zwei abstehende Dreiecke, die so genannten Bodenecken. Diese in 1,5 cm Abstand zur Spitze abnähen und den Beutel wenden.

Mit weißer Grasfaser und dem kleinen Geschenk füllen und mit der Kordel zubinden. Aus der grünen Grasfaser einen Ring formen und die weiße Blüte darin festkleben. Ring und Blüte locker mit Bouillondraht umwickeln, den Draht dabei auseinander ziehen. Gesteck an der Kordel befestigen.

Serviettendekoration

Material

- 1 weißes Skelettblatt
- 1 kleine weiße Blüte
- 50 cm silberne Kordel, 2 mm Stärke
- silberner Bouillondraht

So wird's gemacht

Die Serviette ist als »Calla« gefaltet (siehe Lehrgang »Servietten falten«, Seite 45). Mit der Silberkordel umwickeln und mit dem Skelettblatt, auseinander gezogenem Bouillondraht und der weißen Blüte dekorieren.

Anstecker für das Revers

Material

- 1 weiße Blüte mit Stiel
- 1 weiße Perle, 6 mm Durchmesser
- 1 Anstecknadel zum Festkleben
- grüne Grasfaser
- silberner Bouillondraht

So wird's gemacht

Den Stiel der Blüte auf eine Länge von 7 cm kürzen und eng mit auseinander gezogenem Bouillondraht umwickeln. Am unteren Ende die weiße Perle festkleben. Aus der Grasfaser einen Ring formen und unter die Blüte kleben. Ring und Blüte locker mit Bouillondraht umwickeln, dabei den Bouillondraht auseinander ziehen. Auf der Rückseite die Anstecknadel festkleben.

Einladungskarte

Material

- 1 Klappkarte aus weißem Strukturkarton, DIN A6
- 1 weißes Skelettblatt
- 1 weiße Blüte
- Klebeschrift »Einladung« und »Kreuzsymbol«
- grüne Grasfaser
- silberner Bouillondraht

So wird's gemacht

Auf der Klappkarte vorderseitig das Skelettblatt und die Klebeschrift fixieren. Aus der grünen Grasfaser einen Ring formen und die weiße Blüte darin festkleben. Ring und Blüte locker mit auseinander gezogenem Bouillondraht umwickeln. Das Gesteck mit transparentem Kleber auf der Karte festkleben.

Im Namen der Rose

Runde Tischdecke

Größe: 168 cm Durchmesser

Material

- *175 cm cremefarbener Damast, 170 m Stoffbreite*
- *550 cm cremefarbenes Schrägband*

So wird's gemacht

Zum Zuschneiden den Stoff zur Hälfte doppelt legen. Vom Mittelpunkt des Stoffbruchs aus mit Hilfe eines Maßbands den benötigten Radius von 84 cm auf dem Stoff markieren (siehe Grafik rechts) und mit einer Schere ausschneiden. Den Stoff auseinander falten und die Kante der Tischdecke mit dem Schrägband einfassen.

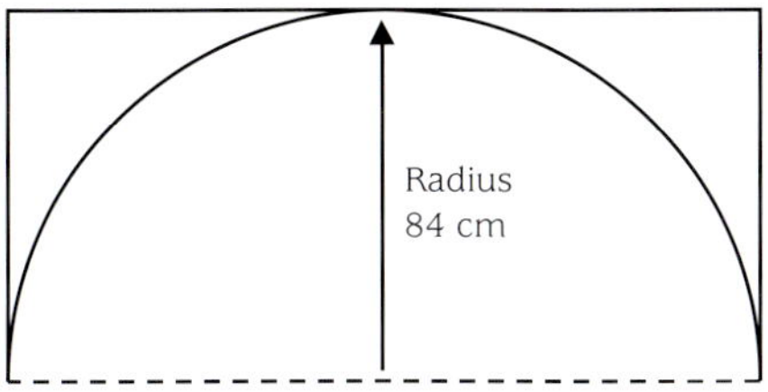

Servietten

Größe: 49 x 49 cm

Bitte lesen Sie vorab den Foto-Lehrgang »Angeschnittene Blende mit Satinstichkante« auf Seite 12.

Material für drei Servietten

- *60 cm cremefarbener Damast, 170 cm Stoffbreite*
- *cremefarbenes Maschinenstickgarn*
- *Stickvlies*

So wird's gemacht

Für jede Serviette ein Quadrat von 55 x 55 cm zuschneiden. Ringsherum an allen vier Seiten eine Linie im Abstand von 3 cm zur Außenkante markieren. Die Briefecke fertig stellen und die offene Saumkante mit einem dichten Satinstich mit Maschinenstickgarn bedecken.

Die Servietten sind als Fächer gefaltet (siehe Lehrgang »Servietten falten«, Seite 45) und mit einer Rose aus Satinband dekoriert (siehe Lehrgang »Rosen aus Satinband«, Seite 31).

Menükarte

Material

- *1 cremefarbene Klappkarte, DIN A6*
- *1 Stück hellbrauner Karton, Größe 8 x 8 cm*
- *1 Stück marmorierter Karton, Größe 6 x 6 cm*
- *hellbraune Sisalfasern*
- *goldener Bouillondraht*
- *cremefarbenes Satinröschen*

So wird's gemacht

Cremefarbene Klappkarte mit hellbraunem und marmoriertem Karton bekleben. Für den Ring hellbraune Sisalfaser zu einem kleinen Kreis legen und locker mit Bouillondraht umwickeln. Den Draht beim Umwickeln auseinander ziehen. Ring und cremefarbenes Satinröschen auf die Karte kleben.

Deko-Tipp

Für die kleinen Blumengestecke hellbraune Sisalfaser zu einem Ring legen und locker mit goldenem Bouillondraht umwickeln. Den Draht beim Umwickeln auseinander ziehen. Auf einem weiteren Ring aus cremefarbener Sisalfaser fixieren. In die Mitte eine weiße Rose aus Satinband oder eine Mingrose stecken und alles zusammen in einen kleinen cremefarbenen Übertopf stellen.

Organza-Beutel

Größe: 8 x 15 cm

Material für sechs Beutel

- *30 cm cremefarbener Nylonorganza, 140 cm Stoffbreite*
- *120 cm Satinband, 6 mm breit*
- *6 Rosen aus Satinband oder 6 Mingrosen*
- *Duftpotpourri »Rosen«*

So wird's gemacht

Für jeden Beutel zwei Rechtecke von 10 x 25 cm schneiden. An der oberen Kante jedes Stoffstück zweimal 1 cm umschlagen und knappkantig feststeppen. Die beiden Teile rechts auf rechts legen. Die beiden seitlichen und die untere Kante füßchenbreit zusammennähen und versäubern.

Anschließend den oberen Rand ringsherum nochmals 5 cm nach außen umschlagen. Diesen Umschlag entlang der Seitennähte mit einigen Stichen von Hand anheften. Den Beutel wenden und mit dem Duftpotpourri füllen. Mit einem 20 cm langen Stück des Satinbands zubinden und mit einer Rose aus breitem Satinband dekorieren (siehe Lehrgang »Rosen aus Satinband«, Seite 31).

Lehrgang »Rosen aus Satinband«

Material

- pro Rose 60 cm Satinband in 4 bis 5 cm Breite

So wird's gemacht

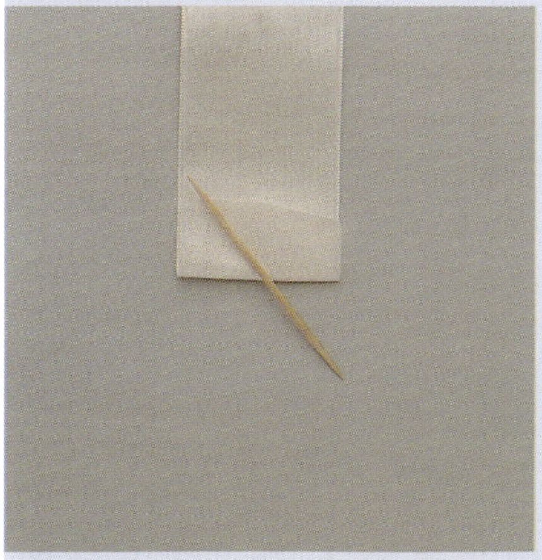

① Das untere Ende des Bandes 2 cm nach innen einklappen.

② Mit Hilfe eines Zahnstochers von einer Ecke aus diagonal einrollen, sodass ein Stiel von 5 bis 6 cm Länge entsteht. Den Zahnstocher entfernen.

③ Für die innere Knospe der Blüte das Band nach hinten umschlagen und den Stiel zwei Umdrehungen weiterdrehen. Zur Fixierung einige Male durch den Stiel und das untere Ende der Knospe nähen. Den Faden mit der Nadel nach unten hängen lassen.

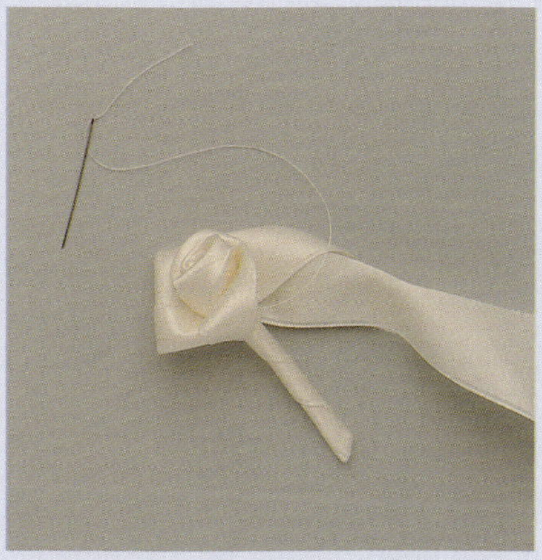

④ Das Band auf der Hälfte der Breite erneut nach hinten klappen und den Stiel mit der Knospe weiterdrehen. Diesen Vorgang einige Male wiederholen, dabei die Blüte immer wieder durch einige Stiche sichern.

⑤ Damit die äußeren Blütenblätter größer als die inneren ausfallen, die Intervalle, in denen das Band nach hinten umgeknickt wird, schrittweise vergrößern. Das Bandende unter den Blütenblättern verstecken und festnähen.

Schneller Tipp

Werden viele Rosen benötigt (z. B. für eine Türgirlande) lassen sich diese schnell und einfach aus Krepppapier und etwas Blumendraht fertigen.

Dazu das Krepppapier in Streifen von 7,5 cm Breite und 80 cm Länge schneiden. Den Papierstreifen spiralförmig aufwickeln. Dabei am unteren Ende das Band zusammenraffen und mit Blumendraht umwickeln. Am oberen Ende das Krepppapier etwas auseinander ziehen und zu einer Blüte formen. Mit Hilfe des Drahtes lassen sich die Rosen leicht befestigen.

Federleicht ins Glück

Mitteldecke mit Taschen

Größe: 80 x 80 cm
Vorlage siehe Seite 46

Bitte lesen Sie vorab den Lehrgang »Angeschnittene Blende mit Briefecke und doppeltem Saum«, Seite 12.

Material

- *110 cm weißer Baumwoll-Organdy, 105 cm Stoffbreite*

So wird's gemacht

Aus dem Baumwoll-Organdy ein Quadrat von 100 x 100 cm schneiden. Ringsherum, parallel zu den vier Außenkanten, zwei Linien im Abstand von 5 und 10 cm zur Außenkante markieren. Die Blende arbeiten, wie im Lehrgang beschrieben.

Das Herzmotiv achtmal auf den Stoff übertragen und zuzüglich Nahtzugabe ausschneiden. Jeweils zwei Herzen rechts auf rechts zusammennähen, dabei ein Stück der Naht zum Wenden geöffnet lassen. Oben in der Einbuchtung der Herzform die Nahtzugabe bis kurz vor die Naht einschneiden. Die Nahtzugabe an der Spitze des Herzens bis an die Naht zurückschneiden. Das Herz wenden und die restliche Naht von Hand schließen. Die oberen Herzrundungen knappkantig absteppen. Je ein Herz auf jede Ecke der Tischdecke stecken und das Herzmotiv im Bereich der geraden Herzkonturen knappkantig aufsteppen.

Servietten und Serviettenringe

Größe: 50 x 50 cm

Material für drei Servietten

- *60 cm weißer Damast mit Karomuster, 170 cm Stoffbreite*
- *60 cm weiße Federboa*

So wird's gemacht

Für jede Serviette ein Quadrat von 54 x 54 cm zuschneiden. Entlang der vier Außenkanten den Stoff zweimal jeweils 1 cm nach innen klappen und knappkantig festnähen. Für die Zigarrenform die Serviette mit der linken Seite nach oben auf den Tisch legen. Von einer Ecke aus diagonal aufrollen und zur Hälfte legen.

Für jeden Ring werden 20 cm Federboa benötigt. Die beiden Enden der Federboa etwas übereinander legen und mit einigen Stichen von Hand zusammennähen.

Windlichthülle

Höhe: 15 cm

Hinweis:
Diese Hülle wurde für ein Windlicht von 15 cm Höhe und 11 cm Durchmesser gearbeitet. Wenn ein Windlicht mit anderen Grundmaßen verwendet werden soll, sind die angegebenen Maße entsprechend abzuändern. Dazu zum Umfang des Glases 2 cm plus Nahtzugabe addieren sowie 5 cm in der Höhe für die obere und untere Kante. Die Anzahl und die Größe der Täschchen auf die geänderten Maße abstimmen.

Material

- *25 cm weißer Baumwoll-Organdy, 105 cm Stoffbreite*

So wird's gemacht

Für die Hülle ein Rechteck von 20 x 38 cm zuschneiden. Die langen Seiten für die obere und untere Stoffkante zweimal jeweils 1 cm nach innen klappen und knappkantig feststeppen.

Für die drei aufgesetzten Taschen drei Teile von 7 x 14 cm zuschneiden. Die Teile jeweils quer zur Hälfte legen und die drei offenen Kanten zusammennähen; dabei ein Stück der Naht zum Wenden geöffnet lassen. Die Täschchen wenden und die restliche Naht von Hand schließen. Die drei Täschchen unterschiedlich verteilt auf die rechte Seite der Windlichthülle stecken und an den beiden seitlichen und der unteren Seite knappkantig aufsteppen.

Die Seitennaht der Windlichthülle schließen und versäubern.

Ringkissen mit Federboa

Größe: 20 x 20 cm

Material

- *20 cm weißer Satin, 90 cm Stoffbreite*
- *Rest weißer Baumwollstoff*
- *90 cm weiße Federboa*
- *synthetische Füllwatte*
- *2 Druckknöpfe*

So wird's gemacht

Für das Vorderteil der Kissenhülle aus dem weißen Satin ein Quadrat von 18 x 18 cm zuschneiden, für die Rückseite ein Rechteck von 18 x 28 cm. Die Rückseite auf 1/3 der Höhe teilen und eine 2 cm breite Verschlussleiste einarbeiten. Dazu die beiden Kanten zweimal jeweils 2 cm nach innen umklappen, bügeln und feststeppen. Ober- und Unterteil der Kissenrückseite entlang der Verschlussleiste übereinander legen und mit Druckknöpfen zum Schließen versehen. Vorder- und Rückseite rechts auf rechts aufeinander stecken, ringsherum zusammennähen und versäubern. Die Kissenhülle wenden und die Federboa von Hand auf die äußere Kante aufnähen. Anfang und Ende der Federboa etwas übereinanderlegen und zusammen festnähen.

Für das Innenkissen aus dem Baumwollstoff zwei Quadrate von 18 x 18 cm zuschneiden und rechts auf rechts aufeinander stecken. Ringsherum zusammennähen, dabei ein Stück der Naht zum Wenden geöffnet lassen. Kissen wenden, mit Füllwatte füllen und die restliche Naht von Hand schließen.

Einladungskarte und Tischkärtchen

Abbildung Seite 32

Eine weiße Klappkarte in DIN-A6-Format mit grau-silbernem Geschenkband und weißem Fotokarton bekleben. Graues Skelettblatt und eine kleine weiße Feder mit Transparentkleber fixieren. Die Karte mit Bouillondraht dekorieren.

Graues Geschenkband und eine weiße Feder mit transparentem Kleber auf eine Tischkarte aus weißem Karton kleben.

Perlen – ein Hauch von Luxus

Schon seit dem frühen Mittelalter werden Perlen nicht nur als Schmuck getragen, sondern auch zur Verzierung auf Textilien aufgenäht. Zurzeit sind Perlen wieder hoch aktuell und in großer Vielfalt erhältlich.

Für Bastelarbeiten empfehlen sich Wachsperlen (z. B. von Rayher), die es in vielen Farben und Formen gibt. Sie sind relativ preisgünstig; viele Sorten vertragen sogar eine leichte Handwäsche.

Bei Textilien, wie beispielsweise dem Seidenschal in diesem Kapitel, die ggf. chemisch gereinigt werden müssen, sollte man jedoch Glasperlen (z. B. von Gütermann) verarbeiten. Sie sind speziell für diese Zwecke ausgelegt. Glasperlen sind zwar etwas teurer, dafür aber reinigungsbeständig. Zum Aufnähen von Perlen jeder Art eignen sich spezielle, besonders dünne Perlennadeln.

Tipp

Wenn Perlen zum Beispiel auf ein Organza-Band aufgezogen werden sollen, kann dies mit einer einfachen Einfädelhilfe erfolgen. Dazu einen Faden oder ein Stück dünnen Draht doppelt legen und durch die Perle führen. Das Band in die Schlaufe legen und den Draht zusammen mit dem Band durch die Perle ziehen.

Seidenschal mit Perlensaum

Abbildung Seite 35
Größe: 30 x 135 cm

Material

- *70 cm Crepe Satin, 140 cm Stoffbreite*
- *60 tropfenförmige, cremefarbene Glasperlen*
- *120 cremefarbene Glasperlen, 3 mm Durchmesser*

So wird's gemacht

Aus dem Crepe Satin zwei Rechtecke von 32 x 137 cm zuschneiden. Beide Teile rechts auf rechts aufeinander stecken und ringsherum mit 1 cm Nahtzugabe zusammennähen, dabei ein Stück der Naht zum Wenden geöffnet lassen. Schal wenden und die restliche Naht von Hand schließen.

Auf die Vorderseiten der beiden Enden des Schals jeweils gleichmäßig verteilt zehn Perlenblüten aufnähen. Jede aufgenähte Blüte besteht aus drei tropfenförmigen und einer kleinen Glasperle. Um den fransenförmigen Perlenstrang aus fünf Perlen zu fertigen, zunächst den Faden an der Kante des Schals unterhalb der Blüte annähen. Fünf Perlen auffädeln und durch die vier ersten Perlen zurückstechen. Faden anziehen und dieses Ende ebenfalls an der Schalkante festnähen.

Schneller Tipp

Einen fertig rollierten Seidenschal (z. B. für die Seidenmalerei) mit Perlen verzieren.

Perlenherz

Größe: 10 x 10 cm
Vorlage siehe Seite 46

Material pro Herz

- *Golddraht, 0,6 mm Stärke*
- *53 Wachsperlen, 6 mm Durchmesser*
- *Nylonfaden*

So wird's gemacht

Die Wachsperlen auf den Draht auffädeln und diesen gemäß Vorlage in Herzform biegen. Durch die letzte Perle, die in der Einbuchtung des Herzens liegt, beide Drahtenden gemeinsam führen. Dahinter die Enden des Drahtes kürzen und mit Hilfe einer Zange zu zwei kleinen Schlaufen umbiegen.

Das Perlenherz eignet sich zum Beispiel als Schmuck für die Stühle des Brautpaars.

Servietten

Größe: 50 x 50 cm

Material für drei Servietten

- *65 cm cremefarbenes Leinen, 180 cm Stoffbreite*

So wird's gemacht

Für jede Serviette ein Quadrat von 58 x 58 cm zuschneiden. Ringsherum zweimal jeweils 2 cm nach innen klappen und knappkantig festnähen. Dabei in den Ecken die Naht so führen, dass ein Quadrat entsteht (siehe Lehrgang »Angeschnittene Blende mit quadratischer Ecke«, Seite 13). Die Servietten zur Hälfte zusammenlegen und von einer Schmalseite her aufrollen.

Die Tischdecke wurde aus dem gleichen Stoff, passend zur Tischgröße, genäht (siehe Seite 9 f.).

Serviettenringe

Größe: 3,5 cm hoch, 15 cm Umfang

Material für einen Serviettenring

- *18 goldene Sicherheitsnadeln, 3,4 cm Länge*
- *90 cremefarbene Wachsperlen, 3 mm Durchmesser*
- *72 cremefarbene Wachsperlen, 6 mm Durchmesser*
- *Magic-Stretch (durchsichtiger Gummifaden von Rayher) zum Auffädeln*
- *Sekundenkleber*

So wird's gemacht

Auf jede Sicherheitsnadel Perlen in folgender Reihenfolge auffädeln: 1 kleine – 1 große – 3 kleine – 1 große – 1 kleine Perle. Die Sicherheitsnadel schließen und den Kopf mit einer kleinen Zange vorsichtig zusammendrücken. Damit wird ein Aufspringen der Sicherheitsnadel verhindert. Die so vorbereiteten 18 Sicherheitsnadeln der Reihe nach hinlegen; dabei zeigen die Verschlussteile im Wechsel nach oben und nach unten.

Durch die oberen und unteren Enden der Sicherheitsnadeln wird der Gummifaden gezogen und dabei jeweils eine Perle als Abstandhalter mit aufgefädelt. Die Enden des oberen und die Enden des unteren Fadens jeweils miteinander verknoten und die Knoten mit einem Tropfen Sekundenkleber sichern.

Schneller Tipp

Perlen beliebig auf einen Golddraht fädeln. Anfang und Ende des Drahtes an jeweils der letzten Perle sichern. Den aufgefädelten Draht zu einer Spirale drehen und als Serviettenring über die Serviette stecken.

Tischkarten mit Perlenmonogramm

Die Tischkarten sind mit den Initialen der einzelnen Gäste versehen. Dazu 3 mm große, cremefarbene Wachsperlen auf einen dünnen Golddraht fädeln und den Draht in die gewünschte Buchstabenform biegen. Anfang und Ende des Drahtes an jeweils der letzten Perle sichern. Die Initialen mit transparentem Kleber auf die Tischkarte kleben.

Kerzenringe

Abbildung Seite 35

Schnell und einfach lassen sich mit dem Magic-Stretch (siehe Seite 36) auch dekorative Kerzenringe herstellen. 6 bis 8 mm große, cremefarbene Wachsperlen auf den durchsichtigen Gummifaden fädeln. Die Anzahl der Perlen richtet sich nach dem Umfang der Kerze. Die Enden verknoten und den Knoten mit einem Tropfen Sekundenkleber sichern. Die Kerzenringe in beliebiger Anzahl über die Kerze ziehen.

Ringkissen

Größe: 18 x 18 cm

Material

- *25 x 60 cm Crepe Satin*
- *Rest weißer Baumwollstoff*
- *48 herzförmige, cremefarbene Glasperlen*
- *192 cremefarbene Glasperlen, 3 mm Durchmesser*
- *2 Druckknöpfe*
- *synthetische Füllwatte*

So wird's gemacht

Für das Vorderteil der Kissenhülle aus dem Crepe Satin ein Quadrat von 20 x 20 cm zuschneiden, für die Rückseite ein Rechteck von 20 x 30 cm. Rückseite auf 1/3 der Höhe teilen und eine 2 cm breite Verschlussleiste einarbeiten. Dazu die beiden Kanten zweimal jeweils 2 cm nach innen umklappen, bügeln und feststeppen. Ober- und Unterteil der Kissenrückseite entlang der Verschlusskante übereinander legen und mit Druckknöpfen zum Schließen versehen. Vorder- und Rückseite rechts auf rechts aufeinander stecken, ringsherum zusammennähen und versäubern. Die Kissenhülle wenden und ringsum – mit einem Abstand von 1,5 cm – die Perlenstränge annähen. Dazu zuerst den Faden an der Kante des Kissens annähen. Drei kleine, eine herzförmige und wieder eine kleine Perle auffädeln. Durch die ersten vier Perlen zurückstechen, Faden anziehen und dieses Ende ebenfalls an der Kante festnähen.

Für das Innenkissen aus dem Baumwollstoff zwei Quadrate von 20 x 20 cm zuschneiden und rechts auf rechts aufeinander stecken. Ringsherum zusammennähen, dabei ein Stück der Naht zum Wenden geöffnet lassen. Kissen wenden, mit Füllwatte füllen und die restliche Naht von Hand schließen.

Sommerlicher Hochzeitstisch

Organza-Tischschal

Größe: 70 x 200 cm

Material

- *200 cm Nylonorganza, 140 cm Stoffbreite*

So wird's gemacht

Die Maße für diesen üppigen Tischschal aus Organza errechnen sich aus der Tischlänge zuzüglich 50 cm, um den Schal locker in die Mitte des Tisches drapieren zu können. Den Organza auf eine Breite von 74 cm zuschneiden (die Webkante vorher entfernen). Ringsherum den Stoff zweimal jeweils 1 cm nach innen klappen und knappkantig feststeppen.

Tischdecke und Servietten

Die Tischdecke aus durchscheinendem Leinen entsprechend der Größe des Tisches nähen (siehe Seite 9 f.).

Die Serviette aus dem gleichen Stoff einmal zur Hälfte falten und von der Seite her aufrollen. Um die Serviette 1 m Organza-Band, 4 cm breit, legen und die beiden Enden des Bandes durch einen Ring aus Buchsbaumgirlande führen.

Buchsbaumherzen

Größe: 13 x 15 cm
Vorlage siehe Seite 46

Material pro Herz

- *200 cm Buchsbaumgirlande*
- *grüner Blumendraht*
- *Organza-Band*
- *90 weiße Perlen, 3 mm Durchmesser*
- *Nylonfaden*

So wird's gemacht

Die Stühle des Brautpaars sind mit Herzen aus Buchsbaumgirlande geschmückt. Dazu vier Lagen Buchsbaum gemäß der Vorlage zu einem Herzen formen. Die Perlen auf den

Blumendraht fädeln und am Ende des Drahtes sammeln. Das Buchsbaumherz mit dem Blumendraht umwickeln, dabei in Abständen einzelne Perlen nach vorne führen und platzieren.

Um die Stuhlkante weißes Organza-Band zu einer Schleife binden und das Herz mit einem Nylonfaden daran befestigen.

Glückwunschkarte

Größe: 10,5 x 15 cm (DIN A6)

Material

- *1 Bogen weißer Strukturkarton*
- *1 Bogen grauer Fotokarton*
- *Buchsbaumgirlande*
- *weißes Organza-Band, 4 cm breit*
- *Transparentkleber*
- *Silberstift*

So wird's gemacht

Den weißen Strukturkarton in einen Streifen von 12 x 27 cm schneiden. Beidseitig, jeweils 6 cm vom Rand entfernt, mit einem Messer eine Falzkante markieren und die Seiten nach vorne klappen. Entlang der langen Seiten die Karte begradigen und dabei auf die Höhe von 10,5 cm bringen. Den grauen Fotokarton auf 10,5 x 14,5 cm zuschneiden und in die Klappkarte einlegen.

Für die Ringe die Buchsbaumgirlande zu zwei kleinen Kreisen biegen und jeweils die Drahtenden verbinden.

Die Ringe auf die Karte aufkleben. Ein Stück weißes Organza-Band an den Enden mit Knoten versehen und locker als Kartenverschluss verwenden.

Windlichthülle

Höhe: 12 cm

Material für drei Hüllen

- *25 cm Baumwoll-Organdy, 105 cm Stoffbreite*

So wird's gemacht

Für jede Windlichthülle zwei Quadrate von 21 x 21 cm zuschneiden. Beide Teile rechts auf rechts legen und an den beiden seitlichen sowie der unteren Kante mit jeweils 5 mm Nahtzugabe zusammennähen und versäubern.

Um die quadratische Standfläche passgenau zu bestimmen, werden auf beiden Stoffseiten mit einem selbstlöschenden Markierungsstift, Linien im Abstand von jeweils 5 cm zu den bereits gefertigten drei Nähten markiert.

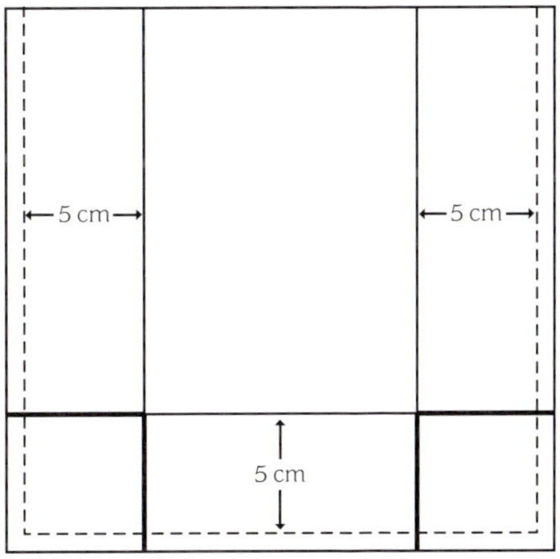

Die untere Kante, die später die Bodennaht darstellt, bis zu den markierten Linien nach innen drücken; dabei ergeben sich seitlich zwei abstehende Dreiecke, die so genannten Bodenecken. Entlang der Markierungslinien an den Bodenecken die Naht abnähen und die Hülle wenden.

An der oberen Kante den Stoff zweimal jeweils 1 cm nach innen klappen und knappkantig feststeppen.

Die vier Seitenkanten entlang der Markierungslinien mit dem Fingernagel falzen und knappkantig absteppen. Zusätzlich kann die Bodenfläche ebenfalls knappkantig abgesteppt werden – damit erhält die Windlichthülle mehr Stabilität. Als Windlichter eignen sich einfache Wassergläser mit Teelichtern.

Organza-Täschchen für Blumenkinder

Abbildung Seite 41
Größe: 8 x 10 cm

Material für sechs Täschchen

- *35 cm Seidenorganza oder Baumwoll-Organdy, 90 cm Stoffbreite*
- *200 cm Satinband, 6 mm breit*

So wird's gemacht

Aus dem Organza für jedes Täschchen ein Rechteck von 14 x 32 cm schneiden. Den Stoff quer zur Hälfte zusammenlegen. Die Seitennähte schließen und versäubern.

Für die Standfläche an der unteren Seite nach innen drücken; dabei ergeben sich seitlich zwei abstehende Dreiecke, die so genannten Bodenecken. Diese in 2 cm Abstand zur Spitze des Täschchens abnähen und wenden (siehe auch unter »Windlichthülle«, Seite 41).

An der oberen Kante den Stoff zweimal jeweils 1 cm nach innen klappen und knappkantig feststeppen.

Für die Henkel das Satinband in 16 cm lange Abschnitte schneiden. Je zwei Stücke pro Täschchen an die obere Kante annähen.

Menükarte mit Organdy-Kuvert

Größe der Menükarte:14,5 x 21 cm (DIN A5)

Material

- *1 Klappkarte aus weißem Strukturkarton (DIN A5)*
- *1 Stück grauer Fotokarton, 9,5 x 21 cm*
- *Buchsbaumgirlande*
- *grüner Blumendraht*
- *Bouillondraht*
- *1 Schaschlikspieß*
- *1 weiße Perle, 6 mm Durchmesser*
- *20 weiße Perlen, 3 mm Durchmesser*
- *Transparentkleber*

So wird's gemacht

Die Klappkarte vorderseitig mit dem grauen Fotokarton bekleben. Die kleinen Perlen auf den Blumendraht auffädeln und bis zum Ende durchschieben. Für den Ring die Buchsbaumgirlande zu einem kleinen Kreis legen und locker mit dem vorbereiteten Blumendraht umwickeln, dabei die kleinen Perlen einzeln nach vorne führen und platzieren.

Den Schaschlik-Spieß eng mit Bouillondraht umwickeln und am Ende des Stabes eine Perle festkleben. Stab und Ring mit Transparentkleber auf die Karte kleben.

Größe des Organdy-Kuverts: 15,5 x 23 cm

Material

- *30 x 45 cm weißer Baumwoll-Organdy*

So wird's gemacht

Aus dem Organdy ein Rechteck von 25 x 41 cm zuschneiden. Ringsherum die Stoffkante zweimal je 5 mm nach innen klappen. Vorerst nur entlang einer schmalen Kante den Umschlag knappkantig absteppen. Von dieser Kante aus gemessen 15 cm des Stoffes umschlagen, sodass eine Taschenform entsteht.

Ringsherum knappkantig absteppen; damit werden in einem Arbeitsgang die Seiten des Kuverts abgenäht und der Überschlag abgesteppt.

Tipp

Wird der Ring aus Buchsbaumgirlande mit einer Anstecknadel und einer kleinen Schleife versehen, eignet er sich als Anstecker für das Revers.

Goldene Tischkultur

Servietten

Größe: 50 x 50 cm

Bitte lesen Sie vorher den Lehrgang »Angeschnittene Blende mit Briefecke«, Seite 10.

Material für drei Servietten

- *65 cm weißer Tischdeckenstoff mit grober Leinenoptik, 180 cm Stoffbreite*
- *goldenes Metallic-Maschinenstickgarn*
- *pro Serviette: 1 goldene Quaste (siehe Lehrgang »Quasten«, Seite 13)*
- *pro Serviette: 70 cm Goldkordel, 6 mm Stärke*

So wird's gemacht

Für jede Serviette ein Quadrat von 58 x 58 cm zuschneiden. Parallel zu den vier Außenkanten jeweils eine Linie im Abstand von 1 cm zur Kante markieren. Von dieser Markierung aus eine zweite Linie im Abstand von 3 cm für die Blende markieren.

Die Blende arbeiten, wie im Lehrgang beschrieben. Den Saum knappkantig mit dem goldenen Metallic-Stickgarn absteppen.

Die Serviette mit der rechten Seite nach oben auf den Tisch legen. In der Mitte anfassen und hochheben. Beim Schütteln entsteht eine Spitze, um die die Goldkordel gelegt wird. Die Tischdecke wurde aus dem gleichen Stoff, passend zur Tischgröße, genäht.

Reistüten

Höhe: 17 cm

Material

- *weißer Fotokarton oder handgeschöpftes Papier*
- *goldene Perlen, 8 mm Durchmesser*
- *Goldquasten (siehe Lehrgang, Seite 13)*

So wird's gemacht

Für jede Tüte aus dem Karton ein Quadrat von 13 x 13 cm zuschneiden. In eine Ecke mit dem Locher oder einer Lochzange ein Loch einstanzen. Die Pappe zu einer Tüte rollen (das eingestanzte Loch liegt dabei oben) und mit Transparentkleber fixieren. Gegebenenfalls mit einer Büroklammer in Form halten. Die beiden Aufhängebänder einer Quaste von außen durch das Loch führen, eine Perle auffädeln und die Enden des Bandes mit einem Knoten versehen.

Herzen mit Goldornamenten

Größe: 11 x 11 cm
Vorlage siehe Seite 46

Material

- *15 cm weißer Stoff oder Reste eines anderen Projekts verwenden*
- *1 Textilmalstift in Gold*
- *synthetische Füllwatte*
- *pro Herz: 20 cm Goldkordel, 2 bis 3 mm Stärke*
- *pro Herz: 1 goldene Quaste (siehe Lehrgang, Seite 13)*

So wird's gemacht

Die Vorlage für das Herzmotiv von Seite 46 kopieren. Für jedes Herz aus dem weißen Stoff zweimal das Motiv zuzüglich Nahtzugaben ausschneiden. Mit einem selbstlöschenden Markierungsstift die Ornamente auf das Vorderteil übertragen, anschließend mit dem Textilmalstift in Gold nachzeichnen. Die Farbe trocknen lassen und entsprechend der Angabe des Herstellers fixieren.

Vorder- und Rückseite des Herzens rechts auf rechts legen. Die beiden Enden der Goldkordel mit jeweils einem Knoten versehen, die Kordel zur Hälfte zusammenlegen und so zwischen Vorder- und Rückseite stecken, dass die Knoten nach außen zeigen und knapp über die Nahtzugabe reichen. Damit wird verhindert, dass die Kordel später aus der Naht rutscht.

Ringsherum zusammennähen, dabei an einer Seite die Naht zum Wenden geöffnet lassen. Die Nahtzugaben in den Rundungen bis kurz vor die Naht einschneiden. Das Herz wenden, mit synthetischer Füllwatte füllen und die restliche Naht von Hand schließen. An die Spitze des Herzens eine Quaste nähen.

Lehrgang »Servietten falten«

Smoking

Die Serviette zweimal in der Mitte falten, sodass ein Quadrat entsteht. Die rechte Seite liegt dabei innen.

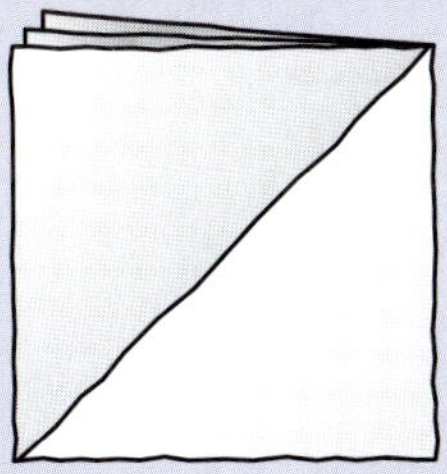

Die obere Ecke diagonal nach vorne umlegen.

Die mittleren beiden Ecken ebenfalls diagonal nach vorne umschlagen, jede etwas weniger tief als die vorherige. Beide Ecken unter die vorherige Falte stecken.

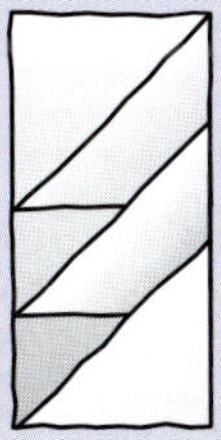

Die rechte Hälfte der Serviette nach hinten umklappen.

Calla

Die Serviette einmal in der Mitte falten, sodass ein Rechteck entsteht. Die linke Seite liegt dabei innen.

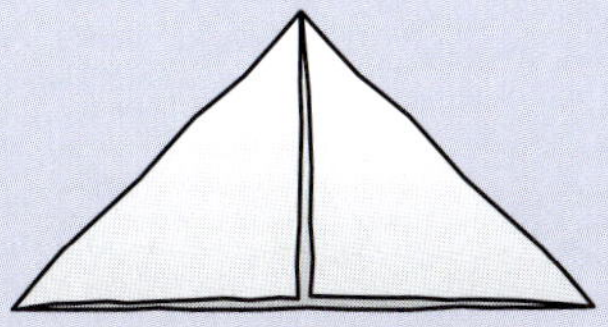

Die beiden oberen Ecken diagonal zur unteren Mitte falten; dabei entstehen zwei Dreiecke.

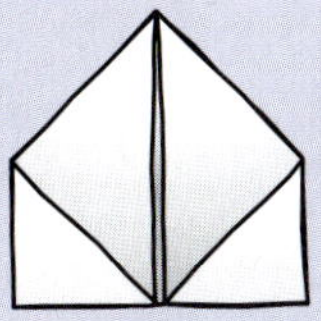

Die beiden seitlichen Spitzen zur Mitte falten.

Die beiden Hälften in der Mitte zusammenklappen.

Fächer

Die Serviette einmal in der Mitte falten, sodass ein Rechteck entsteht. Die linke Seite liegt dabei innen.

Die Serviette noch einmal längs in der Mitte falten.

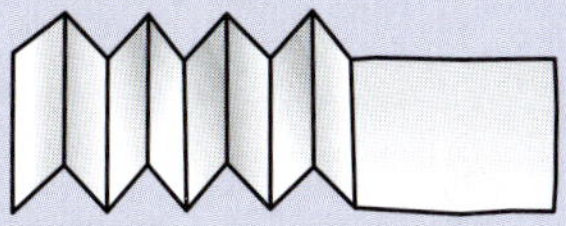

Beginnend an einer Schmalseite in Ziehharmonikaform falten. Gegebenenfalls vorab den gleichmäßigen Abstand zwischen den Falten ausmessen und mit Stecknadeln markieren. Die eingelegten Falten durch Bügeln fixieren.

Den oberen Rand der Serviette auseinander ziehen.

Vorlagen

Wichtig:
Nahtzugaben müssen noch hinzugerechnet werden.

Herzen mit Goldornamenten
Seite 44

Perlenherz
Seite 36

Mitteldecke mit Taschen
Seite 33

Buchsbaumherzen
Seite 40

Beutel und Tropfenfänger für die Kommunionkerze

(Vergrößerungsfaktor 130 %)
Seite 22

Herstellerverzeichnis

Damast und Leinenstoffe
Zweigart und Sawitzki
Fronäckerstraße 50
D-71063 Sindelfingen
Tel.: 07031/795-5

Baumwoll-Organdy, Seidenorganza, Seidenstoffe
Schmidt & Bleicher über Galerie Smend
Mainzer Straße 31
D-50678 Köln
Tel.: 0221/31 20 47
Internet: www.smend.de

Maschinenstickgarn, »Tear Easy®« = Stickvlies, textilgeeigneter Sprühkleber KK2000
Sulky International
Gunold + Stickma Materials GmbH
Obernburger Straße 125
D-63811 Stockstadt
Tel.: 06027/2008-0
Internet: www.sulky-international.de

Wachsperlen, Hobbyartikel, Accessoires
Rayher Hobby GmbH
Die Artikel von Rayher Hobbykunst sind im Bastelfachhandel erhältlich.

Glasperlen, Nähgarn
Gütermann AG
Postfach 20
D-79681 Gutach-Breisgau
Tel.: 07681/21-0
Internet: www.guetermann.com

Zubehör und Literatur für Hobby, Basteln und Nähen
Buttinette
Industriestraße 22
D-86637 Wertingen
Tel.: 08272/99 666
Internet: www.buttinette.de

Möbel
car Selbstbaumöbel
Ellerbrookskamp 4
D-22397 Hamburg
Tel.: 040/6005 00 71
Internet: www.car-moebel.de

Literaturverzeichnis

- Charles Panati. Lexikon religiöser Bräuche und Gegenstände. Piper, München/Zürich, 1999
- Eva Heller. Wie Farben wirken. Rowohlt, Reinbek 1989
- Margaret Caselton. Serviettenträume. Augustus, München 2000
- Christa Rolf. Tischdecken, Sets, Servietten nähen, Augustus, München 2001

Hinweis: Alle Modelle wurden mit einer BERNINA ARTISTA 180 genäht.

Einen herzlichen Dank an den Juwelier und Goldschmiedemeister Helmut Fritsch, D-45894 Gelsenkirchen, Hochstraße 3, Tel. 0209/3 08 70, für die zur Verfügung gestellten Trauringe.

Ebenfalls einen herzlichen Dank an das Blumenhaus Niehüser, D-46149 Oberhausen, Neumühler Straße 37, Tel. 0208/66 57 06 für die wundervollen floristischen Arrangements.

Die Deutsche Bibliothek – CIP-Einheitsaufnahme

Ein Titeldatensatz für diese Publikation ist bei Der Deutschen Bibliothek erhältlich.

Fotografie: Angela Francisca Endress, Usingen-Eschbach
Lektorat: Melanie Gutschker, Frankfurt
Umschlagkonzeption:
Kontrapunkt, Kopenhagen
Satz und Layout: Anton Walter, Gundelfingen
Herstellung und Umschlaglayout: Karin Kristen

Reproduktion: Litho Art, München
Druck und Bindung: Uhl, Radolfzell

Gedruckt auf 115 g umweltfreundlich elementar chlorfrei gebleichtes Papier.

ISBN 3-8043-0969-0

Printed in Germany